지평에서 만나리

지평에서 만나리

김일중 시집

도서출판 한글

머리말

나의 꿈, 나의 인생

나는
흙수저로 태어났습니다
그래서
고등학교를 졸업하고
취직하는 것이 꿈이었습니다
그리고 나는
스무 살에 취직했습니다

나는
서른이 되기 전에
예쁜 여자와
결혼하는 것이 꿈이었습니다
그리고 나는
스물여덟 살에
예쁜 여자와 결혼했습니다

나는
교회 다니는 것이 꿈이었습니다
그리고 나는
결혼하고 오륙 년 후에

부부가 함께
예수 믿고 교회에 다녔습니다

나는
자식을 갖는 것이 꿈이었습니다
그리고 나는
마흔이 되기 전에
아들을 둘씩이나 낳았습니다

나는
서울에서 내 집 마련하는 것이
꿈이었습니다
그리고 나는
마흔두 살에 내 집을 마련했습니다

나는
마흔한 살에 돌아가신 아버지보다
더 오래 사는 것이 꿈이었습니다
그리고 나는
아버지보다 더 오래 살고 있습니다

나는
시인이 되는 것이 꿈이었습니다

그리고 나는
마흔네 살에 시인으로 등단했습니다

나는
교회에서 장로가 되는 것이 꿈이었습니다
그리고 나는
쉰세 살에 장로가 되었습니다

나는
은행 지점장이 되는 것이 꿈이었습니다
그리고 나는
'부'자가 붙긴 했어도 지점장이 되었습니다

나는
예순 살까지 사는 것이 꿈이었습니다
그리고 나는
예순 살에 '회갑기념감사예배'를 드렸습니다

나는
오늘도 꿈을 꿉니다
그리고 나는
그 꿈을 이루어 주는 분이 있음을 확신합니다.

차 례

머리말 / 4

제1부 비빔밥 인생
찰떡과 개떡 / 12

생긴 대로 / 13

인생의 행복 / 14

남자가 육십이 넘으면 / 15

게으른 아내가 남편을 살린다 / 18

졸혼과 부혼 / 20

돼지 / 25

4형제의 선택 / 26

운동하는 민족 / 28

그 바나나 / 30

비빔밥 인생 / 31

단 하나의 / 32

후회의 눈물 / 34

이혼 사유 / 36

돌이킬 수 없는 실수 / 38

이순耳順의 문 앞에서 / 40

제2부 닭과 독수리

보스와 리더 / 46

동굴과 터널 / 49

웃음소리 / 50

완벽한 남자 / 51

정복자 / 52

참정권에 대한 질문 / 54

석양증후군 / 55

닭과 독수리 / 58

여왕의 나라 / 60

매미 / 62

안개꽃 / 66

당신 예뻐 / 68

내가 만일 대통령이 된다면 / 70

남자, 목숨 걸다 / 72

오곡밥 / 74

호박벌과 닭 / 76

여보, 당신은 / 78

대중 세상 / 80

제3부 인자를 아느냐?

수건 / 82

지평에서 만나리 / 84

가을은 / 86

초청 / 88

기나다라 / 91

간격 / 92

사월은 / 95

후회 없는 인생 / 96

도란도란 / 97

나를 믿고 사랑한다면 / 98

인자를 아느냐? / 100

아멘약 주세요 / 102

탕! 탕! 탕! / 104

더 좋은 / 106

최후에 승리하는 자 / 108

크리스천의 의식 / 109

복수초 / 110

할렐루야 아리랑 / 112

군자와 인자 / 114

예수 그리스도께서 / 116

삼희성三喜聲 / 117

육하원칙 / 118

참 어렸을 적에 / 120

제4부 모범수

메멘토 모리 / 122

되게 하소서 / 124

기다린다 / 126

집으로 / 129

사계절에 / 132

모범수 / 134

없다 / 136

은빛 날개 / 138

예수를 진실로 믿지 않는 한 / 139

늑대 / 140

아이가 태어나면 / 142

안락사 / 144

ΨΦ* / 145

소유자 / 148

서울에는 귀신이 없다 / 150

더 지혜롭다 / 151

과수원 / 152

피 흘린 대가 / 153

지금까지 내가 살면서 / 156

태~멘 / 158

제 1 부
비빔밥 인생

찰떡과 개떡

찰떡같이 말하면
찰떡같이 알아듣는 사람은
찰떡같은 사람

개떡같이 말하면
개떡같이 알아듣는 사람은
개떡같은 사람

찰떡같이 말하면
개떡같이 알아듣는 사람은
개똥같은 사람

개떡같이 말하면
찰떡같이 알아듣는 사람은
찰떡 먹을 사람.

생긴 대로

호두는
뇌를 좋게 한다

포도는
눈을 좋게 한다

옥수수는
치아를 튼튼하게 한다

참외는
배변을 부드럽게 한다

흑임자는
새치를 막아준다

사과는
피부를 곱게 한다

생긴 대로
논다.

인생의 행복

유소년의 행복은
사랑을 받는 것이고

청장년의 행복은
사랑을 주는 것이다

중년의 행복은
사랑을 확인하는 것이고

노년의 행복은
사랑을 추억하는 것이다.

남자가 육십이 넘으면

남자가 육십이 넘으면
사타구니에서
방울소리가 난다

딸랑 딸랑 따알랑
딸랑 딸랑 따알랑

가장이라는
짐 보따리를 내려놓고
남편이라는
권위를 털어버리고
직업의
굴레를 벗어버리니
어느새
두 다리의 틈새는

벌어지고

사타구니에서

방울소리가 난다

딸랑 딸랑 따알랑

딸랑 딸랑 따알랑

욕망과 야망으로

출렁대던 남성은

거북이등처럼

쩌억쩍 쩌억쩍

말라 갈라지고

새털처럼 가벼워지고

허전하고 텅 빈

도둑맞은 곳간

딸랑 딸랑 따알랑
딸랑 딸랑 따알랑

남자가 육십이 넘으면
사타구니에서
방울소리가 난다.

게으른 아내가 남편을 살린다

싱크대에 쌓여 있는
컵 그릇 수저 등
참다못한 남편
군대생활 추억하며
투덜투덜 설거지
투덜투덜 설거지

방구석에 쌓여 있는
빨랫감들
거실에는 쓰레기 천지
집 안이
돼지우리 되겠네
참다못한 남편
구시렁구시렁
세탁기 돌리고
구시렁구시렁
청소기 움직이네

인스턴트 음식에

중독되고
운동은 남의 일
비만은 자기 일
참다못한 남편
밥 짓고 조깅하고
헬스장으로 달려가네

마주치면 잔소리
입만 뻥긋하면 돈타령
아이고 골치 아파
아이고 내 팔자야
참다못한 남편
예수 믿고
참된 평안 얻자
교회 다니며
피난처 마련하자.

졸혼과 부혼

부부가
육십이 넘도록
오래 살다 보면
싫증이 난다

좋은 기억은
잊어버리고
나쁜 추억만
생생하다

부부간에
약점만 보이고
허점만 보이고
단점만 보이고
남들과
비교하게 되고

영원히
사랑하겠다던

사랑의 맹세는
어느새 영원히
사라져버렸다

아내의 미모와
매력은 사라지고
남편의 패기와
열정도 식어버렸다

여보, 당신
우리 지겹도록
오래 살았지?
우리 서로
너무 구속하며
오래 살았지?
우리 각자
자유를 찾아보자!
졸혼卒婚의 세계로
여행을 떠나보자.

부부가
육십이 넘도록
오래 살다 보면
매너리즘에
빠진다

나쁜 추억도
있지만
좋은 기억도
아주아주 많다

부부간
단점도 있었지만
잘 덮어주고
너그러이
이해해주었다
어렵고 힘든 시절

많이 싸우기도 했지만
서로 협력하여
잘 극복하고
잘 넘어왔다

영원히
사랑한다는 맹세는
기억이 나지 않지만
결혼식 때
행복한 모습은
사진으로 남아 있다

아내의 미모는
세월 속에
묻혀버렸고
남편의 열정은
바위처럼
굳어버렸지만

여보, 당신
우리 인생의
후반전을 위해
손을 잡아보자
자식들의
굴레를 벗어나
친정, 시가
그늘을 벗어나

부부
그 자체로만
거듭나는
부혼復婚의 신세계로
항해를 떠나보자
후반전 인생
부부의
참된 자유를 찾아.

돼지

멋대로 먹으면
비만돼지

맛대로 먹으면
편식돼지

제대로 먹어야
건강돼지.

4형제의 선택

구원촌에
5부자가 살았다
아버지는
연로하여지자
자식들에게
땅을 유산으로
나눠 주기로 했다

아버지는
네 명의 자식들에게
선택권을 주었다

첫째 아들은
길이 많은
길밭을 선택했다
특별히 힘들이지 않고
통행료만 챙겨도
살 만할 거라
생각했다

둘째 아들은
돌밭을 선택했다
돌밭을 파다 보면
황금이 많이 나올 거라
생각했다

셋째 아들은
가시밭을 선택했다
가시밭에 범죄조직
아지트를 만들어
보스노릇 하면
떵떵거리며 잘살 거라
생각했다

넷째 아들은
옥토밭을 선택했다
땀 흘리며 부지런히
일하며 농사지으면
풍성한 결실을
맺을 거라
생각했다.

운동하는 민족

일제강점기에는
우리나라
되찾자
독립운동

70년대에는
잘살아보세
새마을운동

80년대에는
독재타도
정치혁신
민주화운동

1997년에는
국가부도
막아내자
금모으기운동

2018년에는
너 죽고
나 죽자
미투운동.

그 바나나

올라갈 때
훔쳐 따먹은
그 바나나

내려올 때
그 껍질 밟아
미끄러져
다쳤네.

비빔밥 인생

내 인생의 그릇에
아들이라는 콩나물을
집어넣있다
형과 동생이라는
무채를 집어넣었다
직장인이라는 밥을
퍼 넣었다.
친구라는 육회도
집어넣었다
남편이라는 김치도
집어넣었다
아버지라는 계란반숙도
집어넣었다
예술가라는 참기름 한 숟가락
떠 넣었다
국민이라는 고추장도
집어넣었다

내 인생은 맛있게
비벼지고 있는가?

단 하나의

단 한 사람
코알라를 위해
그대는
척박한 대지에서
살아남습니다
비바람과 차가운 눈을
견디어 냈습니다
아무것도
바라지 않은 채
그를 위해
자신의 모든 것을
다 희생했습니다
당신이
게으른 데다
술주정뱅이
일지언정
모든 것을
당신께 바칩니다
유칼립투스

한 번의 키스로는
부족합니다
한 번 사랑 받으면
잊지 못합니다
사랑을 알기 전에는
그냥 모르고
살 수 있지만
한 번 알아버리면
잊을 수 없습니다
오늘도 내일도 모레도
기다립니다
영원히 사랑해 주세요
사랑에 굶주려
죽을지언정
당신을 기다립니다
유추프라카치아.

후회의 눈물

한 여자가
있었다
나이가 차서
시집갈 때가 되었다

그녀는
키 크고
잘생기고
몸매 좋고
돈 많은 남자를
최상의 신랑감이라
확신하고 결혼했다

살아보니
남편은 생각보다
성실하지 못했다
그 좋은 외모와 돈으로
외도도 잦았다
술 담배도 즐겼다

그러나 그녀는
자신이 선택했던 일이라
누구를 원망할 수도 없었다

세월이 흘러
그녀와 남편은
칠십 고개를 넘어섰다
젊어서 자신의 건강을 돌보지 않은
남편은 병들어
운신하기
어렵게 되었다

오늘도 그녀는
쓸데없이 잘생기고
덩치 크고 무거운
남편 병수발에 고통 받으며
자신의 발등을 찍으면서
후회의 눈물을 흘리고 있다.

이혼 사유

이 시대
대한민국이 왜
세계적으로 이혼율이
가장 높은 나라일까요?

성격이 맞지 않아서
경제적 어려움이 심해서
집안 배경이 달라서
자라온 환경이 달라서
지역적 갈등이 있어서
학력의 차이가 심해서
이념이나 인생관이 달라서
나이 차이가 커서
배우자가 바람을 피워서
과거를 속여서
종교적 갈등으로

아닙니다
아닙니다

그것은
말 때문입니다
거친 말
폭력적인 말
비하하는 말
욕설
비교하는 말
편 가르는 말
말 때문입니다.

돌이킬 수 없는 실수

악하고 무능한 지도자에게
충성하는 것은 충성이 아니다

패역하고 음흉한 보스에게
보이는 의리는 의리가 아니다

거짓되고 불의한 파트너에게
지조를 지키는 것은 지조가 아니다

법과 질서와 규칙을 무시하는 스타에게
열광하는 것은 열광이 아니다

태극기 들고 애국가를 부르면서
독단과 불법과 폭력을 자행하는 애국은
애국이 아니다

양심의 길을 외면하고
자기중심적이고 민심을 이반하는 정의는
정의가 아니다

누구나 실수는 할 수 있다
그러나 돌이킬 수 없는 실수는
그 실수를 인정하지 않는 것이다.

이순耳順의 문 앞에서

이순이 다 되도록
먹고 살게 해 주신
내 인생의 주인에게
감사드린다
아내와 두 아들
부모형제 일가친척
친구 친지들에게
감사드린다
조국 대한민국과
이 세상에
감사드린다

이순의 나이에
공자는
천지만물의 이치에 도달하고
듣는 대로 모두
이해할 수 있었다지만
나같이 평범한 사람은
무슨 말을 듣든지

온순하게 이해하고
받아들이는 수준만 되어도
좋을 것 같다

이순 이후의 삶은
덤이라 생각하고 싶다
원래 주어진 삶이
대개 육십이라고 볼 때
그 이후의 삶은
얼마나 감사하고 소중한가
하루하루가
인생 마지막 날이라
생각하며 살고 싶다

이순이 되면
남을
비교하지 않고
비판하지 않고

정죄하지 않으리라
불평불만 하지 않고
성화를 부리지 않고
분노하지 않으리라
비폭력적 긍정적
언어생활을 하리라

밀림의 성자 슈바이처는
나이 서른에
자신을 위한 삶에서
타인을 위한 삶으로 바꿨다지만
나는
이순의 나이에나마 그러고 싶다
내 인생에 도움을 준
사람들을 기억하고 찾아다니며
감사의 표시를 하고 싶다
아울러 궁극적으로는
하나님께 큰 영광 돌리는 일을

꼭 하고 싶다

이순에는
더 깨끗하고 깔끔하고
더 멋있는 모습으로
나 자신을 가꾸며 살고 싶다
매일매일
몸을 씻고 운동하며
건강하게 살고 싶다
공중도덕과 사회질서도
더욱 잘 지키며
모범적으로 살고 싶다

이순부터는
이별을 준비하며
살 것이다
유언장을 만들어
가슴에 품고

살 것이다

이순 이후에는
꿈꾸고 배우고
섬기고 확신하는 일에
거하고 싶다
음란하지 않고
패역하지 않고
거룩한 길을 가고 싶다
경건한 삶을 살고 싶다
그리고
주님과 동행하고 싶다.

제 2 부

닭과 독수리

보스와 리더

보스는
구성원에게 섬기도록 강요하고
리더는
구성원을 스스럼없이 섬긴다

보스를 따르는 것을
구성원은 의무라 생각한다
리더를 따르는 것을
구성원은 권리라 생각한다

보스는
구성원을 머슴이라 생각한다
리더는
구성원을 친구로 생각한다

보스는
자신의 단점을 최대한 감추려 하고
장점을 우상화시킨다
리더는

자신의 단점을 인정하면서
장점을 극대화시킨다

보스는
구성원의 잘못에는 문책하고 엄벌을 내린다
리더는
구성원의 잘못을 용서하고 보완해주며 도와준다

보스는
구성원이 공을 세우면 당연하게 여기며
생색만 크게 내면서 보상은 적당히 한다
리더는
구성원이 공을 세우면 크게 칭찬하고
충분한 보상을 한다

보스는
열심히 하라고 명령하고
리더는

함께 해보자고 부탁한다

보스는
망할 때 자기 혼자 살아남고
리더는
망할 때 구성원과 같이 망한다

보스는
성공했을 때 자신의 공이 가장 크다 하고
리더는
성공했을 때 구성원에게 공을 돌린다.

동굴과 터널

인생은 동굴이다
어두컴컴한 동굴이다
한 치 앞을
내다볼 수 없는 동굴이다
끝이 불분명하고
암울한 동굴이다
어느 길로 가든지
최선이라 장담할 수 없는
동굴이다

인생은 터널이다
어두컴컴한 터널이다
한 치 앞을
내다볼 수 없는 터널이다
하지만 끝이 분명하고 확실한
터널이다
오직 한 길이요
희망의 빛으로 끝나는
터널이다
나는
어느 길로 가고 있는가?

웃음소리

해해해
태양의 웃음소리 들어보세요

하하하
하늘의 웃음소리 들어보세요

호호호
호수의 웃음소리 들어보세요

허허허
허공의 웃음소리 들어보세요

후후후
뒤뜰의 웃음소리 들어보세요

깔깔깔
초원의 웃음소리 들어보세요

웃음소리로 꽉 찬 세상.

완벽한 남자

한 남자에게
물었다
담배 피우나요?
아닙니다
술 마시나요?
아닙니다
커피는 마시나요?
아닙니다
사이다는 마시지요?
아닙니다
식탐이 있습니까?
아닙니다
여행 좋아하나요?
아닙니다
여자 좋아하세요?
아닙니다
그러면
무슨 재미로 삽니까?

거짓말하는 재미죠.

정복자

마케도니아
알렉산더는
말을 타고 무력으로
유럽과 중동, 인도까지
정복하여 지배했다

몽골
칭기즈칸은
말을 타고 무력으로
중국을 비롯한 아시아 일대를
정복하여 지배했다

프랑스
나폴레옹은
말을 타고 무력으로
유럽 일대를
정복하여 지배했다

한국
가수 싸이는
말을 타고
춤추고 노래하여
오대양 육대주
온 세계인의 마음을
정복하고 지배했다.

참정권에 대한 질문

나는
지연에서 자유로운가?
학연에서 자유로운가?
혈연에서 자유로운가?

나는
이데올로기에서 자유로운가?
고정관념에서 자유로운가?
금전문제에서 자유로운가?

나는
정의의 편에 서 있는가?
양심의 소리에 청종하는가?
그분의 뜻에 따르는가?

석양증후군

오십이 넘으면 알게 된다
사랑의 진정한 의미를 알게 된다
그런 사랑을 하기에는
너무 늦었다는 것도 알게 된다

오십이 넘으면 알게 된다
세상을 너무 모르고 살았다는 것을
우물 안 개구리로 살았다는 것을
또한 세상을 제대로 알고 살기에는
이미 늦었다는 것도 알게 된다

오십이 넘으면 알게 된다
특히 아버지와 깊은 대화를
나누지 못했다는 것을 알게 된다
그리고 아버지와 대화가
이미 늦었고 불가능하다는 것도

오십이 넘으면 알게 된다
자신의 건강을 너무 과신하고

살았다는 것을 알게 된다
건강을 너무 돌보지 못했다는 것도
그리고 건강을 회복시키고 돌보기에는
너무 늦었다는 것도 알게 된다

오십이 넘으면 알게 된다
자신이 너무 많은 편견과 고정관념에
사로잡혀 살았다는 것을 알게 된다
아울러 그것을 바꾸기에는
너무 늦었다는 것도 알게 된다

오십이 넘으면 알게 된다
자신이 과거에 꼭 했어야 할 언행과
하지 말았어야 할 언행이
있었다는 것을 알게 된다
그리고 그것을 바로잡기에는
이미 늦었다는 것도 알게 된다

오십이 넘으면 알게 된다
자신이 변화되고 새로워져야 한다는 것을
그러면서도 그것을 실행할 수 없음도
오십이 넘으면 알게 된다.

닭과 독수리

닭은 주로 땅바닥만 내려다봅니다
독수리는 땅도 내려다보고 하늘도 올려다봅니다

닭의 새끼는 병아리라고 부릅니다
독수리 새끼는 그대로 독수리라고 부릅니다

닭은 병아리를 지키려고 목숨을 겁니다
독수리는 새끼 독수리에게 자신을 지키게 하려고
목숨을 겁니다

닭은 위급할 때만 날개를 사용합니다
독수리는 적재적소에 날개를 사용합니다

닭은 새벽을 깨우지만 자신을 깨우지 못합니다
독수리는 새벽을 깨우지 못하지만
수많은 짐승들의 정신을 깨웁니다

닭은 폭풍우가 몰아쳐오면 지상의 구석을 찾아
몸을 낮추며 숨습니다

독수리는 폭풍우가 몰아쳐오면 폭풍우 근원
비구름보다 더 높이 날아올라 버립니다

닭은 벼슬이 있어도
타 짐승들을 지배하지 못합니다
독수리는 벼슬 없는 대머리지만
땅과 공중의 짐승들을 지배합니다.

여왕의 나라

고려 말
원나라에 공녀를 바쳤던 나라

유교 조선
남존여비의 나라
병자호란 주범 오랑캐에
피로인을 보내야 했던 나라

일제에 의해
국모가 시해당하고
종군위안부를
보내야 했던 나라

이제
하나님의 보우
그리고 미국을 비롯한
우방 은덕으로 광복
칠십년

오페라여왕 조수미의 나라
역도여왕 장미란의 나라
피겨여왕 김연아의 나라
빙상여왕 이상화의 나라
크라이밍여왕 김자인의 나라
배구여왕 김연경의 나라
양궁여왕 기보배의 나라
축구여왕 지소연의 나라
골프여왕 박인비의 나라
각 가정에는
엄마여왕이 다스리는 나라.

매미

언제부턴가
내 귀에 해로운 매미가
들어와 살고 있습니다

그 매미 소리는
귀찮고 지겹고
듣기 싫은 소음이었습니다
더 많은 매미들이 들어와 살면
어떡하나 하는
두려움과 공포도 있었습니다

그러던 어느 날
그 매미 소리를 비집고
다른 소리가 들렸습니다
매미는
소리를 지르고 있는 것이 아니라
노래를 부르고 있는 거란다

내가
정신없이 분주한 시간을 보내고
피곤에 몹시 지쳐 있을 때
너무 무리하지 마라
평정심을 유지해라
안식을 취해라
내 귀에 경종과 조언의
노래를 불러줍니다

내가
공허와 무료의 침륜에 빠져 있을 때
꿈을 품어라
힘을 내라
다시 일어서라
격려와 용기의
노래를 불러줍니다

내가
긴 밤의 중턱에서 깨어나

불면의 시간으로 고통 받고 있을 때
낮 시간에
더 치열하게 살아라
더 열심히 땀 흘리며 생활하라
그래서 숙면을 취하라
깨달음의 노래를 불러줍니다

내가
매너리즘과 안주로
나태하고 천천히 걷고 있을 때
채찍 같은 따끔한 노래로
나를 일깨우고 새롭게 합니다

내가
깊은 사색과 고요에 잠겨 있을 때
헛되고 잡다하고 추악한 생각에
빠지지 않도록
밤바다 등댓불 같은

노래를 불러줍니다

내가
병들어 외롭고 고통스럽고
슬픔과 절망에 빠져 있을 때
너는 혼자가 아니다
병마를 물리쳐라
슬픔을 이겨내라
지혜와 성원과 회복의
노래를 불러줍니다

언제부턴가
내 귀에 이로운 매미가
들어와 살고 있습니다.

안개꽃

가을 들녘
휑한 가로수 행렬
밑동을 감싸 안는가

산기슭에 올망졸망
은은히 내려앉는가

꽃꽂이
틈새 모서리 변두리
채워주는가

그렇게
여백이 되고
배경이 되고
초석이 되고
조연이 되고
들러리가 되어도

내겐

신비롭고 고결한
안개……
안개꽃.

당신 예뻐

화장한 얼굴이 예뻐
화장기 없는 얼굴도 예뻐

활기찬 얼굴이 예뻐
무표정한 얼굴도 예뻐

만족한 표정이 예뻐
화난 얼굴도 예뻐

밝은 표정이 예뻐
어두운 얼굴도 예뻐
창백한 얼굴도 예뻐

기쁜 표정이 예뻐
슬픔에 잠긴 얼굴도 예뻐

먹는 얼굴이 예뻐
자는 얼굴도 예뻐

땀 흘리는 얼굴이 예뻐
무기력한 표정도 예뻐

그런데
웃는 얼굴이
제일 예뻐.

내가 만일 대통령이 된다면

독신세를 신설하겠다
남녀불문하고
독신으로 만 35세가 넘으면
세금을 부과하겠다
그걸로
형편이 어려운 다자녀 가정을
지원하겠다

통일세를 신설하겠다
통일을 갈망하고 소원하면서도
준비하지 않는다면
정작 통일의 날에
무척 혼란스러울 것이다
특히 경제적인 문제가
엄청날 것이다
그래서
불원간에 이뤄질 것 같은
통일에 대비하겠다

종교세를 신설하겠다

특히 개신교
기독교종교세를 신설하겠다
개신교 범기독교기구를
조직하도록 하여
기독교인들에게
십일조세금을 납부하도록 하겠다
그걸로
범기독교기구가 인정하는
교회 목회자들에게
소정의 급여를 지급하도록 하겠다

국방세를 신설하겠다
그래서
국방의 의무를 폐지하겠다
남녀불문하고
능력 있고 자질 있는
군인들을 뽑아 쓰는
전군 모병제도를 만들겠다
내가 만일 대통령이 된다면.

남자, 목숨 걸다

십대
좋은 대학 가기 위해
공부에 목숨 건다

이십대
예쁘고 날씬한
여자와 함께하고 싶은
사랑에 목숨 건다

삼십대
그래도 장가는 가야지
결혼에 목숨 건다

사십대
자녀들 행복을 위해
가족에 목숨 건다

오십대
암 우울증 뇌졸중 등

질병과 싸우자
투병에 목숨 건다

육십대
놀면 뭐 하나
어떻게 시간을 보내나
소일消日에 목숨 건다

칠십대
손자 하나는
안아보고 죽어야지
생존에 목숨 건다

팔십대
어서 빨리 죽어야지
너무 오래 살았어
죽음에 목숨 건다.

오곡밥

대보름에
오곡밥을 먹으면

쌀처럼
하얗고 순수한 마음으로

보리처럼
끈질긴 정신으로

조처럼
섬세한 손길로

콩처럼
영양가 있는 언행으로

기장처럼
겸손한 자세로

살아질까?
살이 찔까?

호박벌과 닭

비행공학상
호박벌은
몸무게에 비해
날개가 너무 좁고 작아
날 수 없는 구조랍니다

비행공학상
닭은
몸무게에 비해
날개가 조금 좁고 작긴 하여도
꼭 날 수 없는 구조는 아니랍니다

호박벌이
날 수 있는 이유는
자신이
날 수 없다는 생각을
품지 않는 것이랍니다

닭이
날 수 없는 까닭은
자신이
날 수 있다는 생각을
품지 않는 것이랍니다

호박벌이
날아다니는 것은
결코 포기하지 않고
다른 곤충보다
두 배 이상 날갯짓을
하기 때문이랍니다

닭이
날아다니지 못하는 것은
그냥 포기해버리고
날갯짓을
멈추기 때문이랍니다.

여보, 당신은

여보, 당신은
내 아내입니다
내 두 아들의 어머니입니다
내 부모의 며느리입니다
내 장인장모의 딸입니다
내 형들의 제수입니다
내 여동생의 올케입니다
내 남동생의 형수입니다
내 처남들의 여동생입니다
내 처형들의 동생입니다
내 조카 조카딸들의 숙모입니다
내 처조카 처조카 딸들의 고모입니다

여보, 당신은
우리 집의 안주인입니다
강동구민의 일원입니다
서울특별시민의 한 사람입니다
대한민국 국민의 한 사람입니다
한민족의 일원입니다

세계인의 한 사람입니다

그리고 당신은
예수님의 참된 제자 중 하나요
하나님의 고귀한 자녀 중 하나요
천국백성의 일원입니다
여보, 당신은.

대중 세상

정의야
강물처럼 넘실넘실 흘러가라

자유야
들꽃처럼 마구마구 피어나라

평화야
무지개처럼 두리둥실 떠 있어라.

제 3 부

인자를 아느냐?

수건

돌핀사우나 수건에는
이렇게 적혀 있었다
도난수건-돌핀사우나

세심사우나 수건에는
이렇게 적혀 있었다
사용 후 돌려주세요-세심사우나

평강사우나 수건에는
이렇게 적혀 있었다
필요하면 가져가세요-평강사우나

돌핀사우나 수건은
많이 도난당했다
어차피 도난수건이니까
이용 손님도 줄어들어갔다
도난수건을 사용하는 곳이니까

세심사우나 수건도

많이 없어졌다
손님들이 가져가
사용하고 있으니까
이용 손님도 줄어들어갔다
가져가 사용하고 있는 수건을
되돌려 주어야 하니까

평강사우나 수건도
많이 없어지기는 마찬가지였다
필요하면 가져가라 했으니까
그러나 손님들은 계속 늘어갔다
수건 가져간 것에 대한
부담감이 없으니까.

지평에서 만나리

강자와 약자
성글을 지나

사랑과 미움
산맥을 넘어

정의와 불의
다리를 건너

지배와 피지배
왕궁을 거쳐

부유와 가난
도시를 뚫고

잘나고 못난
화원 헤치고

승리와 패배

들판을 달려

맨몸으로
강을 건너면

우리 거기
지평에서 만나리.

가을은

가을은
그분께 찬양합니다

하늘은
파란 손 높이높이 흔들며

구름은
하얗고 은은한 미소 지으며

들녘 오곡백과는
덩실덩실 춤추며

바람은
나지막하고 선선한 휘파람 불며

풀벌레들은
거룩하고 아름다운 오케스트라 음악으로

산들은

울긋불긋 형형색색 다채롭고 다양한 모습으로

가을은
그분께 경배합니다.

초청

한 거부巨富가 있었다
그는 인생 말년에
큰 깨달음을 얻고
인생일대의 잔치를
베풀기로 작정했다

친척, 친구들에게
초청장을 보냈다
유명 정치인들에게
초청장을 보냈다
유명 회사 사장들에게
초청장을 보냈다
유명 학자들에게
초청장을 보냈다
유명 연예인들에게
초청장을 보냈다

친척, 친구들은
하는 일이 바빠서

불참한다고 했다
유명 정치인들은
정치자금이나 내놓으라며
정치 일정이 바빠서
불참한다고 했다
유명 회사 사장들은
중요한 사업계약이 있어서
불참한다고 했다
유명 학자들은
중요한 연구모임이 있어서
불참한다고 했다
유명 연예인들은
중요한 공연이 있어서
불참한다고 했다

거부巨富는
신문에 광고를 냈다
가난한 사람

배고픈 사람
과부나 노숙자들
심지어 누구라도
뜻만 있으면
자기 집 잔치에
참석해도 된다

잔칫날이 되었다
그날 참석한 사람은
그렇게 많지 않았다
그 거부巨富는
성대한 잔치를 베풀고
그들을 데리고
항구로 갔다
거기에는
노아라는 이름을 가진
호화롭고 웅장한 크루즈선이
그들을 기다리고 있었다.

가나다라

가나안 복지에 입성하려면
나고 자란 고향을 등져야 하리
다 포기하고 모두 잊어버리고
라오디게아교회처럼 우유부단하지 않고
마음을 다하고 뜻을 다하여
바울, 베드로처럼 주님만 섬겨야 하리
사람들의 비난과 조롱과 위협을 헤치고
아름다운 무지개 바라보며 전진해야 하리
자신의 무사안일 극복하고 초월하여
차원 높은 인생의 경지로 나아가야 하리
카멜레온처럼 변신하며 타협하지 않고
타파하라 고정관념, 배격하라 악한심령
파란 하늘처럼 높고, 푸른 바다처럼 넓고 깊은
하나님 감사합니다 예수님 고맙습니다.

간격

인간에게는
간격이 있다
인간이라는 말이
사람과 사람 사이

사람과 사람 사이
적절한 간격을
유지해야
사람다워진다

부부유별
이라는 말
부부간에도
적절한 간격을
유지해야 한다
부자유친이라
할지라도
부자간
적절한 간격을

유지해야 한다

부녀지간
모자지간
모녀지간
가족 간에도
적절한 간격을
유지해야 한다

친척지간
친구지간
상하지간
동료지간
타인지간
적절한 간격을
유지해야 한다

적절한 간격이

유지되지 못할 때
문제가
발생한다

다만
그 간격의
길이는
각각 다를 수 있다

그리고
그 간격을
완벽하게
메울 수 있는
사람은
아무도 없다
그분
외에는.

사월은

악한 무리들에게
어둠의 권세들에게
사월은 가장 잔혹한 달

죽은 땅에서
라일락꽃을 피워내고
역사와 소망을 연결하며
봄비로 곤히 잠든 뿌리를 일깨운다

선한 무리들에게
광명의 권세들에게
사월은 가장 행복한 달

얼어붙은
광야가 녹으면서
샤론의 꽃이 피어나니
흑암과 사망의
빙산을 깨뜨리고
부활의 노래로 하늘길이 열린다.

후회 없는 인생

고독한 삶보다
고상한 삶을
살고 싶었다

우매한 사람보다
우아한 사람이
되고 싶었다

비천한 인생보다
비상하는 인생이
되고 싶었다

후회 없는 인생
후련한 인생

후원자
그분을 만났기에.

도란도란

도란도란 속삭이며
오순도순 사랑하며
싱글벙글 웃으면서
흥얼흥얼 노래하며
송알송알 땀흘리며
형님먼저 아우먼저
서로서로 도와주며
얼싸절싸 춤을 추며
그저그저 감사하네

토닥토닥 위로하며
두근두근 설렌 가슴
둥실둥실 띄워주며
그냥저냥 덮어주며
참 잘했어 칭찬하며
이래저래 기뻐하며
으쌰으쌰 힘 모으며
잘될 거야 긍정의 힘
쉬지 않고 기도하네.

나를 믿고 사랑한다면

나를 이용해서
너의 불합리한 의도를 합리화시키지 말라
나를 이용해서
너의 이데올로기가 합당하다 말하지 말라

나의 화분에
너의 꽃을 심어
내 꽃의 향기를 왜곡시키지 말라

나를 이용해서
탐욕스럽게 너의 재물을 채우지 말라

나를 이용해서
너의 명예와 권세를 드높이지 말라

나를 이용해서
너의 개인적인 논리나 사상을 정당화시키지 말라

나를 이용해서

너의 개인적인 이익을 과도하게 도모하지 말라

나를 이용해서
너의 부정한 음욕을 채우지 말라

나를 이용해서
너의 가치관이 최고라고 웅변하지 말라

너의 본심을 숨기는
나의 가면을 만들어 쓰지 말라

진정 나를 믿고 사랑한다면.

인자를 아느냐?

공자보다
공짜를 더 좋아하는 시대

맹자보다
명자를 더 좋아하는 시대

노자보다
놀자를 더 좋아하는 시대

장자보다
억만장자를 더 좋아하는 시대

묵자보다
먹자를 더 좋아하는 시대

순자보다
전자電子를 더 좋아하는 시대

군자보다

금자金字를 더 좋아하는 시대

과거에도
현재에도
미래에도 좋은 사람
인자人子를 아느냐?

아멘약 주세요

아멘약 주세요
말씀약국에 찾아가서

무료하고 따분할 때
아멘약 주세요

고독하고 허무할 때
아멘약 주세요

서럽고 슬플 때
아멘약 주세요

화가 나고 분노가 치밀 때
아멘약 주세요

살맛나지 않고
죽고 싶을 때
아멘약 주세요

예수 이름을 부르며
아멘
아멘약 주세요.

탕! 탕! 탕!

탕! 탕! 탕!
낭자가 아버지 집에 돌아와
대문을 두드리는 소리입니다
하늘동네 아버지는
대문을 활짝 열고 뛰어나가
탕! 탕! 탕!
아들의 등을 치면서
반갑게 맞아줍니다
살아 돌아와서 고맙다

지하 동네 아버지는
대문은 열어주지 않고
탕! 탕! 탕!
창문만 열고
탕자 아들에게
총을 쏘아댑니다
아버지에게
더 뜯어갈 생각 말아라
너에게 더 이상 줄 분깃이 없다

아버지 말 안 듣고 집나간
너를 절대로 용서할 수 없다
당장 물러가거라
총을 쏘아댑니다
탕! 탕! 탕!

더 좋은

밥보다 더 좋은
보약은 없고

물보다 더 좋은
약수는 없다

아내보다 더 좋은
여자는 없고

남편보다 더 좋은
남자는 없다.

걷기보다 더 좋은
운동은 없고

미소보다 더 좋은
화장은 없다

천국보다 더 좋은

나라는 없고

신정보다 더 좋은
정치는 없다

성경보다 더 좋은
책자는 없고

예수보다 더 좋은
사람은 없다.

최후에 승리하는 자

둔재는
평범한 사람을 이기지 못하고

평범한 사람은
천재를 이기지 못하고

천재는
노력파를 이기지 못하고

노력파는
즐기는 자를 이기지 못하고

즐기는 자는
행운아를 이기지 못하고

행운아는
감사하며 기도하는 자를
이기지 못한다.

크리스천의 의식

신전의식
신 앞에
직면하고 있다는
의식
코람데오

성전의식
내 몸이
하나님의
거룩한 성전이라는
의식

순종의식
내 삶이
하나님께 순종하며
하나님 말씀대로
살겠다는
의식.

복수초

누구에게
복수하려고
겨울을 애써
참고 견디는
것이 아니다

누구에게
복수하려고
북풍한설에
이를 악물고
버티고 있는
것이 아니다

희망의 새봄을
제일 먼저
전하기 위해
눈 속에서
얼음 속에서
온기를 품으며

기도하는 것이다

축복의 계절을
알리기 위해
밝고 노란 향기로
봄날의 새벽을
깨우려고
준비하는 것이다.

할렐루야 아리랑

아리랑 아리랑 아라리요
아리랑 고개로 넘어간다
나를 버리고 가시는 임은
십리도 못 가서 발병난다
아리랑 아리랑 아라리요
아리랑 고개로 넘어간다

할렐루 할렐루 할렐루야
십자가 언덕에 올라간다
주를 버리고 가시는 임은
죽어도 천국에 못 간단다
할렐루 할렐루 할렐루야
십자가 언덕에 올라간다

샬~롬 샬~롬 샬롬샬롬
가나안 복지로 들어간다
세상 우상을 섬기고 살면
요단강 강물에 쓸려간다
샬~롬 샬~롬 샬롬샬롬

가나안 복지로 들어간다

아~멘 아~멘 아멘아멘
구원의 방주가 지나간다
구원의 손길이 다가올 때
아~멘 믿으며 손 잡으라
아~멘 아~멘 아멘아멘
구원의 방주가 지나간다

예수님 예수님 주 예수님
죄인을 보혈로 씻어주네
부활의 예수님 사모하면
믿는 자 부활해 천국 가네
예수님 예수님 주 예수님
죄인을 보혈로 씻어주네.

군자와 인자

군자는 대로행이라 하고
인자는 좁은 문으로 가라 하네

군자는 형식과 권위가 중요하다
인자는 자유와 소통이 중요하다

군자는 왕의 아들이란 뜻이지만
그렇지 않고
인자는 사람의 아들이란 뜻이지만
왕의 아들이라네

군자는 차별과 계급을 주장하지만
인자는 구별과 평등을 주장한다네

군자는 죄의 문제를 해결할 수 없지만
인자는 죄의 문제에 해답을 제시한다네

군자는 일벌백계요 신상필벌이라 하고

인자는 무한용서고 이신칭의라 하네

군자는 내세를 알지도 못하나
인자는 내세가 존재한다 하네.

예수 그리스도께서

머리에 가시관을 쓰심은
나의 악한 사고와 허황된 생각 때문이요

두 손에 못 박히심은
내가 손 대지 말았어야 할 선악과 때문이요

허리에 창으로 찔리심은
나의 욕정과 음란으로 행한 죄 때문이요

두 발에 못 박히심은
내가 가지 말아야 할 곳을 갔기 때문이요

십자가에 못 박혀 죽으심은
내 모든 죄악을 죽이기 위함이요

사흘 만에 부활하심은
나를 부활하게 하려 하심이라.

삼희성 三喜聲

잘되는 집안에서 나오는
세 가지 소리가 있으니
아버지의 글 읽는 소리요
어머니의 다듬이 소리요
아기의 울음소리라네.

복 받는 집안에서 나오는
세 가지 소리가 있으니
아버지의 기도 소리요
어머니의 찬양 소리요
아이의 성경 읽는 소리라네.

육하원칙

예수 그리스도는
2,000여 년 전
이스라엘 베들레헴에
우리 인류를 구원하시려고
동정녀 마리아를 통하여
강림하셨습니다

내 영혼은
언제부터 생겨났으며
어디에서 와서
무엇을 위해
어떻게 살며
왜 이렇게 살다
어디로 갈 것인가?

나는
1991년
이 대한민국에서

예수 믿고 구원받아 천국 가려고
어떤 크리스처의 전도로
예수를 믿게 되었습니다.

참 어렸을 적에

참 어렸을 적에
부엌에 들락거리자
어머니는 말씀하셨다
남자가 부엌에 들어오면
거시기가 떨어진단다

이순을 코앞에 두고
정년퇴직을 했다
그때 그 어머니보다
훨씬 더 나이 들어
부엌일을 해 본다
거시기가 떨어져도
큰 문제 없을 나이에.

제 4 부

모범수

메멘토 모리

현재
고난과 역경에 처해 있을지라도
호크 쿼케 트란시비트

그분께
내 인생의 모든 짐을 맡기니
하쿠나 마타타

내일 일은 알 수 없고
세상 도처에
공포와 경악이 깔려 있어도
그분이 주신 선물이니
카르페 디엠

인생은 짧고
우리의 삶은 유한하나니
그래서
메멘토 모리

초로인생에
공수래공수거 인생에
부활의 꿈을 열어 주나니
할렐루야 아멘!

(주)

메멘토 모리 : 죽음을 생각하라.
호크 쿼케 트란시비트 : 이 또한 지나가리라.
하쿠나 마타타 : 걱정 근심 말아라.
카르페 디엠 : 오늘을 즐겨라.
할렐루야 아멘 : 하나님을 찬양합니다. 그렇습니다.

되게 하소서

인화認化되게 하소서
영접하는 자
곧 그 이름을 믿는 자들에게는
하나님의 자녀가 되는 권세를 주셨으니

변화變化되게 하소서
그런즉 누구든지
그리스도 안에 있으면 새로운 피조물이라
이전 것은 지나갔으니
보라 새 것이 되었도다

성화聖化되게 하소서
오직 성령이
너희에게 임하시면 너희가 권능을 받고
예루살렘과 온 유대와 사마리아와
땅 끝까지 이르러
내 증인이 되리라

영화榮化되게 하소서

다시는 낮의 해가
네 빛이 되지 아니하며
달도 네게
빛을 비추지 않을 것이요
오직 여호와가
네게 영원한 빛이 되며
네 하나님이
네 영광이 되리니.

기다린다

양화대교 아래
한 노인이 산다

그는
누구의 도움도 거부하며
혼자 살아간다

그는
외롭다 하지 않는다
도와 달라 하지 않는다
배고프고 춥다 하지 않는다

그는
누구와도 무엇과도
타협하지 않는다

그는 다만
한 사람을 기다린다
한 사랑을 기다린다

돌아온다는 기약도 없는데

서울 하늘 아래
나는 산다

나는
여러 사람의 도움 속에
함께 살아간다

나는
외로움을 견디지 못하며
도움을 필요로 한다
배고픔과 추위가 두렵다

나는
어찌지 못하고
많은 사람들, 그리고 환경과
타협한다

나는 그러면서도
그분을 기다린다
그분의 사랑을 기다린다
돌아온다는 약속을 했기에.

집으로

너는 아빠 엄마의 도움을 받아
아침잠에서 깨어난단다
세수하고 이를 닦고
엄마가 차려준 밥상을 받아
맛있게 식사를 한단다
깨끗하고 멋진 옷을 입고
잘 놀다 오너라
아빠 엄마의 배웅을 받으며
동네 놀이터로 뛰어간단다

친구들을 사귀고
달리기 경주도 하고
소꿉놀이도 한단다
숨바꼭질도 하고
때로는 친구들과 싸우기도 하며
아빠가 준 용돈으로
군것질도 한단다
놀이터가 비좁다고 생각하여
몇몇 친구들과 어울려

인근에 있는 큰 공원으로
구경 간단다
시간 가는 줄 모르고
구경하고 논 다음
다시 동네 놀이터로 돌아오지만
해도 저물어 가고
다른 친구들도 거의 보이지 않는단다
몸과 마음이 피곤하고 지쳐서
남은 친구들과 헤어져
집으로 돌아온단다

노을이 온 집을 붉게 물들이지만
너는 아무도 부르지 못하고
너무 피곤에 지쳐
마당에 놓여 있는 평상마루에
아무렇게나 드러누워
그대로 잠들고 만단다

세상모르게 한숨 푹 자고
깨어나 눈을 떠 보니
편안하고 안전하고 아름다운
아빠의 방이란다.
아빠와 엄마가
빙그레 웃으시며
너를 내려다보시더란다
아빠가
평상마루에 잠든 너를 보듬어 안고
아빠의 방으로 옮겨 놓으신 거란다.

사계절에

만물이 소생하고
온갖 꽃향기가 진동하듯
천국의 소망을 싹 틔우고
예수 향기 휘날리며
살고 싶어요
봄에는

신록이 흐드러지고
열정으로 이글거리는 태양처럼
그리스도의
뜨거운 열정과 푸른 계절을
목이 터져라
찬양하며 선포하고 싶어요
여름에는

오색칠색 휘황찬란한
단풍으로 물드는 산야보다
더 아름다운 하늘나라 그리며
결실의 계절답게

열매 맺는 삶을 살고 싶어요
가을에는

함박눈이 펑펑 쏟아져 내려
온 세상이 순백의 나라로 변해 버리듯
함박눈처럼 내리는 은혜와
세상에 덮여 쌓인 백설 같은 축복에
감동하고 감사하며 살고 싶어요
겨울에는.

모범수

세상은 감옥입니다
우리 모두는
그곳에 갇힌 죄수입니다
우리가 이 세상을 떠날 때
비로소 출옥되어
모범수들은
하늘나라로 들어가
자유의 몸이 됩니다
그러나 어떤 사람들은
이 세상에서 출옥되어도
무기수가 되어
지옥감옥으로 이송됩니다

나도
당연히 죄수입니다
그나마 예수 믿고 구원받아
지금까지 비교적
건전하고 도덕적으로 살면서
신앙생활 잘 하고 있으니

죄수는 죄수로되
조금 나은 죄수
모범수입니다.

없다

영웅의 사전에는
불가능이 없다
독신의 사전에는
결혼이 없다

임금의 사전에는
반역이 없다
부자의 사전에는
가난이 없다

성공자의 사전에는
포기가 없다
실패자의 사전에는
희망이 없다

천국의 사전에는
미움이 없다
지옥의 사전에는
사랑이 없다

크리스천의 사전에는
불신이 없다
사탄의 사전에는
감사가 없다.

은빛 날개

그대가 들꽃 한 송이 피우고 있을 동안
나는야 그대 옆에 앉아 주님찬양 하려네

그 꽃잎 허물어 나를 꼭꼭 묻더라도
그 꽃잎 지고 가며 주님찬양 하려네

강물도 가다가 더러는 마른다고 하지만
내 찬양 어디 간들 바람 아니 되겠는가

찬양 찬양 자아내 성령그물 만들어서
그대 낚아 올릴 은빛 날개 숨겨 두려네.

예수를 진실로 믿지 않는 한

우리가
부모가 되어 보지 않는 한
부모의 참사랑을 모른다.

우리가
결혼해 보지 않는 한
부부의 참사랑을 모른다

우리가
참된 친구를 사귀어 보지 않는 한
우정이 무엇인지 알지 못한다

우리가
예수를 진실로 믿지 않는 한
하나님의 사랑을 알지 못한다.

늑대

인디안 추장 할아버지가
어린 손자에게 얘기한다

아가야, 아가야
우리들의 마음속에는
두 마리의 늑대가 산단다
한 마리는 착한 늑대고
다른 한 마리는 못된 늑대란다

착한 늑대에게
먹이를 많이 주면
그 늑대는 더욱 커지고 건강해지고
힘도 세진단다
못된 늑대에게 먹이를 적게 주면
그 늑대는 커지지도 않고 허약해지며
힘도 없어진단다
둘이 싸우게 되면
언제나 착한 늑대가 이긴단다
그 사람은 착한 마음의

소유자가 된단다

착한 늑대와 못된 늑대에게
먹이를 똑같이 줄 경우
두 늑대가 싸우면
항상 승부가 나지 않아
그 사람은 마음 편할 날이 없단다

못된 늑대에게
먹이를 많이 주면
그 늑대는 더욱 커지고 건강해지고
힘도 세진단다
착한 늑대에게 먹이를 적게 주면
그 늑대는 커지지도 않고 허약해지며
힘도 없어진단다
둘이 싸우게 되면
언제나 못된 늑대가 이긴단다
그 사람은 못된 마음의
소유자가 된단다.

아이가 태어나면

아이가 태어나면
맨 먼서
다음 세 가지 말을 가르쳐라
감사합니다
고맙습니다
사랑합니다

세상에서
한 가족의 일원이
되게 해주서서
감사합니다

고통과 인내
경제적 부담을 감수하며
건강하게 낳아 주시니
고맙습니다

엄마 아빠가
되어 주셔서
무조건
사랑합니다

그러면
평생
감사한 일만 생기고
고마운 일만 생기고
사랑주고 사랑받는
일만 생기고.

안락사

뛰는 것보다
걷는 게 더 안락하다

걷는 것보다
서 있는 게
더 안락하다

서 있는 것보다
앉아 있는 게
더 안락하다

앉아 있는 것보다
누워 있는 게 더 안락하다

누워 있는 것보다
잠자는 게 더 안락하다

잠자는 것보다
죽는 게 더 안락하다?

뼈*

태초에 하나님이
흙으로
남자 아담을 창조하고
아담의 갈비뼈로
여자 하와를 창조했다

그래서
일부일처제가 생겨났다
그래서
가족의 최소단위는 부부다
그래서
부부는 일심동체다

흙보다 더 좋은 재료인
갈비뼈로 여자를 창조하여
여자가 더 예쁘고 아름답다
남자는 갈비뼈에 대한 향수로
여자를 가슴에
안아보고 싶어 한다

하나님이
남자가 여자를
지배하라고 창조했다면
아마 남자의 발톱을 뽑아
창조하지 않았을까?
여자가 남자를
지배하라고 창조했다면
아마 남자의 머리털을 뽑아
창조하지 않았을까?

그러나
남자 가슴의 갈비뼈를 취하여
여자를 창조했다
가슴으로 마음으로 소통하고
또한 평등하다고

아울러 남편은
자신 갈비뼈 분신인

아내를 사랑하고
아내는
갈비뼈를 제공한
남편을 존경해야 한다.

* '뽜'는 '부부'를 옆으로 붙여 만든 내 신조어입니다.

소유자

세상은 살아 있는
사람의 것이다
세상은 살아 있고 활동하는
사람의 것이다
세상은 살아 있고 활동하고 참여하는
사람의 것이다
세상은 살아 있고 활동하고 참여하고 누리는
사람의 것이다
세상은 살아 있고 활동하고 참여하고 누리고
정복하는 사람의 것이다

천국은 예수 믿는
사람의 것이다
천국은 예수 믿고 의인된
사람의 것이다
천국은 예수 믿고 의인되고 말씀 따라 행동하는
사람의 것이다
천국은 예수 믿고 의인되고 말씀 따라 행동하고

성화되는 사람의 것이다
천국은 예수 믿고 의인되고 말씀 따라 행동하고
성화되고 침노하는 사람의 것이다.

서울에는 귀신이 없다

세상에서 CCTV가
가장 많은 도시

24시간
어둡지 않은 도시

새벽 한두 시에도
사람들이 마음놓고
활보할 수 있는 도시

빨간색, 하얀색
십자가들
밤을 새우며 지키는 도시

서울에는
귀신이 없다.

더 지혜롭다

병마에 걸려 회복하지 못한 사람보다
병마를 이겨내고 회복한 사람은
대단하다
병마를 이겨내고 회복한 사람보다
병마를 미리 예방하고 조심하여
병마에 걸리지 않은 사람은
더 대단하다

고난과 역경으로 좌절한 사람보다
고난과 역경 때문에
예수 믿게 되어 소망을 가진 사람은
지혜롭다
고난과 역경 때문에 예수 믿게 된 사람보다
고난과 역경이 닥치기 전에
미리 예수 믿은 사람은
더 지혜롭다.

과수원

사랑의 사과 붉게 익어 가고
희락의 단감은 주렁주렁
화평의 오렌지 향기 진동하더라

인내의 매실은 추위 이겨내고
자비의 복숭아 주렁주렁
양선의 참외는 향기 진동하더라.

충성의 은행은 병충해 물리치고
온유의 배는 달콤한 생수
절제의 호두는 쩌렁쩌렁하더라.

피 흘린 대가

931회
침략당한 나라

36년 동안
일본에 강점당한 나라

6.25동란
동족상잔을 겪은 나라

아직도
분단의 비극을 안고 사는 나라

국론분열이
끊이지 않는 정치후진국

2013년
대한민국

24시간
광명한 나라
도움 받던 후진국에서
도와주는 선진국이 된
세계 유일의 나라

세계적인 문화 강국
세계적인 스포츠 강국
세계적인 아이티 강국
세계적인 자동차 강국
그리고
세계 최대 선교대국

우연이라고
민족성이 우수하다고
말하지 마라

이 땅을 사랑한

이 민족을 죽기까지 사랑한
예수 그리스도의
순교자들, 제자들
그들
피 흘린 대가.

지금까지 내가 살면서

내가
타인을 미워하지 않고 살았다면
나는 얼마나 사랑스러웠을까?

내가
타인을 싫어하지 않고 살았다면
나는 좋은 친구를 얼마나 많이 얻었을까?

내가
타인을 비난하지 않고 살았다면
나는 마음이 얼마나 평화로웠을까?

내가
타인을 정죄하지 않고 살았다면
나는 얼마나 선량했을까?

내가
타인을 저주하지 않고 살았다면
나는 얼마나 많은 축복을 받았을까?

내가
타인과 비교하지 않고 살았다면
나는 얼마나 행복했을까?

태~멘

태초에 하나님이
천지를 창조하시니라

하나님이
세상을 이처럼 사랑하사
독생자를 주셨으니
이는 그를 믿는 자마다
멸망하지 않고
영생을 얻게 하려 하심이라

주 예수의 은혜가
성도들에게 있을지어다
아멘!

김일중 시집
지평에서 만나리

2019년 6월 5일 1판 1쇄 인쇄
2019년 6월 10일 1판 1쇄 발행

지은이 김 일 중
편 집 이 영 규
펴낸이 심 혁 창
펴낸곳 도서출판 한글

우편번호 04116
서울특별시 마포구 신촌로 270(아현동)
수창빌딩 903호

☎ 02-363-0301 / FAX 362-8635
E-mail : simsazang@hanmail.net
창   업 1980. 2. 20.
이전신고 제2018-000182

* 파본은 교환해 드립니다.
* 정가 10,000원

ISBN 97889-7073-562-7-03130